Piedras para María

Sergio Inestrosa

Sergio Inestrosa

PIEDRAS PARA MARÍA

*Poemas.
Segunda edición.*

ALMAVA EDITORES
www.almava.net

Copyright © 2019 Sergio Inestrosa
Piedras para María.

Todos los derechos están reservados.

ISBN 978-1-945846-10-6

Segunda edición.

Almava Editores
www.almava.net
publicaciones@almava.net

A Tere, como siempre.

*Alabadas
las piedras
de María,
las que coloca como abeja clara
en el panal de su sabiduría.*

Piedras para María
Pablo Neruda

Versos pareados

El viento oigo al pasar por la azotea
aunque bien puede venir de la chimenea.

Veo un cielo azul cuando me despierto
siempre y cuando tenga el balcón abierto.

Si pocas nubes ves que pasan
no te olvides que a veces algunas se retrasan.

En el trópico, en invierno, llueve por las mañanas
en el norte y en el sur, tienen nieve las montañas.

Pese a que en mi tierra hay muchos holgazanes
nadie discute la belleza de sus volcanes.

Me da mucha pena todo lo que el pequeño dictador fragua
en esa tierra tan linda que se llama Nicaragua.

Hubo hace mucho tiempo un loco castellano
al que con cariño consideramos nuestro hermano.

Cuando una mujer se empeña, nadie la detiene
ya lo sabe compadre, más vale que cuide la que tiene.

España de mis amores

España de mis ancestros
España de las mil congojas
ya te lo dijo Vallejo" España cuídate de España".
Cuídate de los millonarios que te empobrecen
De los políticos que solo se ponen de acuerdo para enriquecerse
Y no otra cosa les importa
Cuídate de quienes te venden al extranjero por unos duros,
Y de los de los futbolistas que defraudan el fisco.
Cuídate del vino que emborracha a tus jóvenes, noche a
noche, en las discotecas
Y de las drogas que estos consumen en su insatisfacción
permanente;
Cuídate de la Cruz, la Estrella y la Media luna y de todos
los símbolos que te condenan.
Cuídate España de los poetas que te alaban
Y de las mujeres que dicen quererte sin medida,
Cuídate de las mafias que operan dentro de tus ciudades
Y del toro que matas en las plazas
Cuídate, tal vez más, del dueño de la ganadería
Y por si acaso cuídate también del torero y los banderilleros.
Cuídate España de tu soberbia
Y de tu hipocresía,
Cuídate de tu historia llena de fracasos
Y derrotas humillantes,
Cuídate de tu indiferencia contumaz
que cierra las puertas a los que en ti buscan amparo
Cuídate de tu terco afán de unidad tan falsamente acordado.
Cuídate pues, España de mi alma,
De todo y de todos

Cuídate de tu futuro cada vez más envejecido;
Y cuídate también, no lo olvides, de quienes están aún por nacer.

Esta noche

No todas las noches son iguales
Con el tiempo, he aprendido que hay noches especiales
Aunque eso hasta un niño de pecho lo sabe

a. Esta noche llueven estrellas
 como en otras llueve agua

b. Esta noche se respira una fragancia fresca
 hecha con el olor intenso del campo.

c. Esta noche si se puede
 sembraré una semilla en la mujer que me acompañe

d. Esta noche tengo que repetirlo hasta el hartazgo
 no hay lugar para la muerte.

La promesa

He soñado con alegría que a casa
Vendrás esta noche.

Dios, que es fiel, nos probará
Amada mía, si es que en verdad vienes,
Que tu cuerpo vasija fértil será
Pues en ti, el señor su promesa cumplirá.

La gracia divina operará,
Un milagro ocurrirá
Y pese a nuestros cuerpos estériles
El señor un hijo nos dará.

Ven a mí, amada mía
Y hagamos realidad la promesa del señor.

La noche

La noche se tiende
En su lecho de frescas esteras,
De gemidos y lamentos.
La Luna de cartón
Desde lo alto
Derrama su pálida luz
Resguardando tus sueños,
Protegiéndolos
De las sombras oscuras
Y de los hombres
Que nos acarrean la muerte.

Ángeles caídos

Caen ángeles del cielo
Como si fueran las hojas de los árboles en el otoño.
Caen y se juntan en mis sueños
Y bailan al ritmo de la música de mi *playlist*
Veo sus sombras aladas moverse
Unos tienen buen ritmo y otros no tanto
Pero todos parecen divertirse por igual;
Entre pieza y pieza,
Alguien pasa con una bandeja sirviendo tragos
Todos ellos los toman encantados
(Tal vez tengan sed de tanto bailar)
Pronto estarán borrachos, pienso en medio del sueño
Y después me pregunto:
¿Cómo van a encontrar el camino de vuelta al cielo?
Y en ese momento,
Los ángeles comienzan, uno por uno, a hacer *puff*.
Y se convierten en un puñado de ceniza tibia.
La fiesta ha terminado, mi sueño se ha desvanecido
Y me despierto con el brazo izquierdo adormecido.

Exilio (I)

Un ejército extranjero nos sitió
Su llegada fue el primer anuncio de tormentas
Nuestras defensas no tardaron en derrumbarse.
Ahora vamos rumbo al exilio
Rotos como las sombras cargamos con el peso
De nuestra impensable derrota;
En harapos nuestra voluntad cautiva es arrastrada
Encadenados vamos en medio de esta noche larga.
Nuestro indiferente silencio ante las injusticias
Ya no nos protege;
Nuestro conocimiento resultó ser falso
Y ahora estamos pagando el precio de tanta necedad
De las mentiras tantas veces consentidas,
De las medias verdades propagadas a los cuatro vientos.
Necesitaremos, como en tiempos antiguos, de la palabra
Valiente de un profeta
Y tendremos que clamar, de nueva cuenta, al cielo
Por su misericordia.
En la Babilonia de nuestros tiempos
Aguardamos ansiosos el milagro de nuestra liberación.

Exilio (II)

Todos vivimos exiliados en el mundo,
Todos hemos sido expulsados del paraíso
(Del vientre materno).
Nuestra primera reacción a la condición de parias
Fue el llanto,
Solo después vino la sonrisa
Al sentirnos protegidos
Por la ternura de nuestra madre.

Las cosas y los nombres

Solo las cosas que nos rodean son reales,
Los nombres que les damos,
Polvo que el viento mueve de un lado para el otro;
Todos los nombres terminan siendo falsos,
Una mera ilusión
Para hacernos creer que nosotros creamos las cosas
Al nombrarlas.
La confusión es vieja,
Todo empezó con la ilusión de asumirnos como el centro de la creación.
La moraleja (si es que alguna hay) no es tan difícil de descubrir:
        Nada es más peligroso
Que creer ser lo que en verdad no sé es.

Amor

Amor, esta tarde cuando
llegué a casa
me asomé al refrigerador
y me comí todo lo que habías
guardado en él.

Como siempre,
todo lo que cocinaste estaba
delicioso.

Te suplico no te enfades conmigo
pues, bien lo sabes:
soy un glotón irredento.

Pero si ignoras mi súplica y decides enojarte,
recuerda, al menos, que te amo
y espero que eso compense los daños causados
no solo a la economía familiar
sino, y sobre todo, a tu esfuerzo personal.

Dime poeta...[1]

1

Dime poeta ¿qué oyes?
Escucho la voz del niño que una vez fui
Y me apena mi adulta cobardía y mi timidez;
Oigo la voz de la tierra
Que en su agonía nos pide que no seamos tercos
Y la escuchemos, antes de que sea demasiado tarde;
Al mismo tiempo, escucho la risa socarrona
De quien aumenta sus riquezas
Y del político servil que lo favorece
Con licitaciones fraudulentas
Y condonándole impuestos;
Oigo la voz del pastor que pregona una fe pasiva
Que se verá recompensada si es que llegamos al cielo.
De nuevo escucho la voz del niño que fui
Y frente al espejo de mi apatía me preguntó:
¿Qué haría él hoy?

2

Y dime poeta, ¿qué ves?
Te respondo de inmediato, mi hermano, mi semejante
Pues me parece que es obvio:
Veo sobre todo desolación;
Veo jóvenes deprimidos que han perdido todo interés en la educación,
Veo pueblos enteros sumidos en la pobreza
Veo discriminación y racismo por todas partes;
Pero además veo tierras baldías
Pues sus bosques han sido arrasados y la aridez aumenta.

---

[1] Poema leído en el festival Internacional de Poesía de la Habana, mayo 2019.

Veo lagos que languidecen
Y ríos contaminados
Veo océanos que rebalsan llenos de plásticos
Veo los picos que pierden nieve
Las reservas de agua dulce que se extinguen;
Veo cada vez más incendios, muchas veces intencionales,
Veo, por igual, el daño de las sequías e inundaciones.
Y ¿qué decir de los pobres animales?
En fin, mi hermano, veo muerte
y destrucción por todas partes
Lo mismo en Siria, en Nicaragua o en Brasil.
Veo a hombres violando leyes
Para así acrecentar sus fortunas
Y cada vez es más cierto que el tener es más importante
Que la vida misma.
Atestiguo crímenes, medias verdades y burdas mentiras,
Veo volver enfermedades que ya no existían
Veo el derroche en armas
Aun en países que en vez de fusiles necesitan de escuelas
Y hospitales y bien harían comprando palas y azadones
Para producir alimentos indispensables.
Veo con miedo la vuelta de dictadores y falsos mesías
Y el creciente miedo al extranjero.
Por otra parte veo robots y drones por todas partes
Y cohetes súper poderosos
Que servirán para que solo unos pocos se fuguen
A no sé dónde
Cuando entre nosotros se haya perdido la batalla por
preservar la vida.

3

Y ¿qué sientes?
¡Ay mi amigo! Siento tristeza y rabia, a la vez,
Me duele mucho la falta de humanidad

La pérdida de valores
Y la falta de interés que tenemos por preservar la vida.
Me entristece tanta necedad,
Tanta insensibilidad ante los problemas que afrontamos.
Para serte sincero,
También me siento agobiado y algunas veces
Me doy por vencido
Ante el caos en que vivimos.
También me da un poco de pena
Con las generaciones futuras
Pues, les estamos heredando un mundo
En peor estado al que nosotros recibimos.
Pobrecitos de ustedes
Que pagarán con creces el precio
De nuestra irresponsabilidad
De nuestra arrogancia
Y de nuestra avaricia ciega.

El tañido de la flauta

Fuga de hojas verdes, amarillas
Cafés y rojas
En el otoño de Nueva Inglaterra.
Fuga de los recuerdos más recientes que huyen
Del mapa de la memoria
Al ritmo de un universo acongojado,
Hora con hora, minuto a minuto.
Fuga de todo
Bajo el embrujo del tañido de la flauta de Hamelin
Que nos hipnotiza
Llevándose nuestras almas a otros bosques.
Señoras y señores, niñas y niños
Que no se nos olvide el tañido de esta flauta,
Doble flauta nocturna y diurna,
Ella es la voz de Dios gravada en un espejo de cristal líquido
En el que se reflejan nuestros rostros
Y nuestra más profunda individualidad.

El gato (I)

Ya ha caído la tarde
y antes de ponerse a leer el libro,
que lleva abrazado al pecho
(un gesto por lo demás muy femenino)
la joven se acerca
a la ventana y la abre de par en par;
una corriente de brisa fresca
alivia un poco el bochorno del encierro
en el que ha estado la habitación.
Después de encender la luz, se tira sobre la cama;
la falda se le sube un poco
dejando al descubierto unos muslos blancos y firmes.
El gato entra al cuarto maullando
se sube a la cama y después de recibir un cariño
salta a la ventana en la que se echa
y se olvida de todo,
incluso de la mujer que lee sobre la cama.

El gato (II)

El gato, como siempre,
Con su actitud altiva
Y sus ansias eternas por echarse a dormir
No quiso saber
De nuestras culpas
Y de nuestra necesidad de confesión.

Los guerrilleros

Como las estrellas,
Los guerrilleros salen también de noche
Atraviesan el campo rumbo
A su siguiente misión
Que bien puede ser un destino final
Pues no excluye la muerte.
Pasan los guerrilleros
Confundidos con las sombras de la noche
A veces los descubren los perros
Pero se hacen los desentendidos
Saben que algunos de sus amos
Son parte del grupo.
Pasan los guerrilleros por los poblados
Como pasa el viento.
Algunas veces se llevan comida
Más de alguna muchacha se les ha unido
Persiguiendo un ideal incierto
O naufragando en el sueño del amor juvenil.
Pasan los guerrilleros
Como pasan muchas cosas en la vida
En silencio
Para no alertar al enemigo.

Viento travieso

Las seis de la mañana,
Suenan las primeras campanadas
Llamando a misa.
Mercedes se prepara para ir a la iglesia;
Se pone se vestido negro
(Perdió a su esposo apenas hace unas semanas)
Negra también la mantilla con que se cubrirá
La cabeza al entrar al templo.
Al salir salir a la calle siente el viento fresco,
Es un viento travieso, típico del mes de octubre,
Que se le mete entre las piernas.
Mercedes siente un suave cosquilleo allá abajo
Y se le eriza la piel.
Al llegar a la iglesia confesará su pecado;
(No es la primera vez que es tentada)
Ella lo sabe de sobra:
La carne es débil
Y el maligno anda siempre al acecho.

El nuevo Elías

Hoy, camino, paso a paso, atravesando el último valle
fértil de mi vida
y cuando termine la jornada
la ciudad en que habité y me habitó será solo un recuerdo,
un espejismo constante en mi memoria;
con suerte, tal vez, perdure en mí el olor del mar,
y tal vez mi piel conserve la última gota de lluvia
de aquel viejo diluvio ya casi olvidado.

En este nuevo lugar que me ha sido asignado
por el gobernante en turno
no volveré a escuchar el canto del pájaro
aunque se me ha dicho que a diario me visitará
un cuervo el cual sabrá cumplir lo mandado.

Pero si por acaso no aparece o no cumple su encomienda
¿qué más da?
Si al final todo termina en los brazos de la muerte,
en el silencio lacerante
que nos despoja hasta de las palabras
que, una a una, se van marchitando en nuestro interior.

Marinero

La brisa que sopla del mar
Te hace pensar en otros puertos,
En otras noches
En que crees fuiste dichoso
Y sientes nostalgia de aquellos tiempos
(Todo tiempo pasado fue mejor, piensas,
      Y en tu caso puede que sea verdad).
El jarro de cerveza
Te hace recordar otros bares,
(Aunque no estás seguro de que "recordar"
sea el verbo adecuado)
      Las discusiones interminables
Sobre cualquier tema que se armaban
Al calor de los tragos.
        Observas las curvas delicadas de la mesera
Que en este momento limpia una mesa junto a la tuya
Su presencia te lleva a recordar otras mujeres
(De nuevo el verbo "recordar")
De cuyos nombres no puedes ni acordarte
Aunque lo quieras;
Pero siempre imaginas que fueron muchas
Quienes te consolaron de la tristeza
Que siempre te acompaña.
      Es la misma tristeza que sientes hoy
Mientras tratas de evocar, frente a un jarro de cerveza,
Los viejos tiempos.
Las lágrimas corren por tu piel reseca
Pues sabes que en verdad no puedes recordar nada,

Pues desde hace años padeces
la triste enfermedad del olvido.

El odio[2]

> Arrastra sólo el odio, que sabe lo suyo.
> *El odio*
> **Wislawa Szymborska**

El odio está muy extendido
Y se multiplica con alarmante facilidad
Llevándonos a cometer las acciones más inverosímiles
y disparatadas.
El odio crece rápidamente
Y se expresa en buena parte de nuestra vida social;
No es extraño que aparezcan sus tentáculos en el ámbito de lo público
En las tribunas políticas, en discursos y declaraciones
En cantos, arengas, gritos y desahogos
de gargantas enloquecidas.
280 caracteres es todo lo que necesitamos
Para expresar eso que nos corroe y nos lanza en contra de los demás,
Sin importar las razones, pues el odio elimina toda razón
Y descarta la necesidad de una justificación,
O mejor dicho, él mismo funciona como su justificación última;
De esta forma, el odio se autogenera, se expande
Y controla nuestras emociones y sentimientos
más profundos.
El odio nos manipula echando mano de todo lo que está a su alcance:
El dinero, las leyes, el poder, las armas, la pobreza, la fama
Las necesidades insatisfechas, los temores,

---

[2] Poema leído en El Festival Internacional de Poesía de La Habana, en el grupo de poetas en pro de la Paz, mayo 2019.

Hasta la religión es aprovechada por el odio
para expandirse.
El odio es, además, el mayor manipulador del miedo
Del descontento, del anonimato y la insatisfacción
en que vivimos.
El odio se ha apoderado de todos nosotros
Y se ha convertido en el muro al que
nos aferramos para derrotar a los otros
Y lo que es peor, el odio está muy de moda.

La naturaleza

La naturaleza es indiferente a todo,
A un tornado no le importa la destrucción
Que causa a su paso
Ni el monto de vidas que se cobra.
A una leona no le hace ningún problema cazar
Para comer ella y que coman sus cachorros;
Pero nosotros los humanos no somos indiferentes
Y tampoco lo puede ser Dios,
Que está hecho a imagen y semejanza nuestra
O nosotros a la suya
(Poco importa si es de una forma o de la otra)
Los humanos podemos ser
Crueles o afectuosos,
malvados o compasivos, solidarios o mezquinos
Pero nunca indiferentes.

Un momento especial

Estoy en el pequeño pueblo de Hanover,
A media mañana, después de terminar mi primera clase,
Decido caminar hacia Pine Park,
Atravieso el club de golf y bajo hasta el río Connecticut.
Me siento a la orilla del río
Y meto las piernas en la corriente fresca del agua;
Al momento, un montón de pececillos
Se me acercan y me muerden las plantas de los pies.
El río, sin embargo, sigue su curso indiferente
El viento sopla entre los árboles sin ocuparse de mí,
El pino en cuya rama canta un pájaro
No parece importarle, en lo más mínimo, mi presencia;
Por sobre mi cabeza vuela una mariposa blanca
Que sigue su ruta sin siquiera reparar en mi mirada.
Este instante memorable para mí
No cambiará en nada el curso de la vida
Ni tendrá ningún impacto en el mundo que me rodea.

Recuerdos

Los peces pequeños se le enredaban
Entre sus largos cabellos
Mientras se zambullía en las olas del mar,
Tal vez los peces pensaran
Que su cabello era su nueva casa;
Tal vez no pensaran nada
Y simplemente les atraía su larga y encrespada cabellera,
Lo cierto es que con sus mordiscos los peces le hacían cosquillas
      Y ella se echaba a reír;
Era muy divertido, aunque a veces por estarse riendo
Tragaba agua salada, le ardía la garganta y le daba tos.
Ahora ella vive muy lejos del mar
Lejos incluso de su país
      Y todo esto son meros recuerdos de su infancia,
      Memorias de un pasado feliz.

Mutaciones

Un gramo de sal
una gota de sol en el océano,
tu cuerpo un río que fluye abrazado a mi cuerpo.
Desde la ventana contemplo,
al atardecer,
los cambios de luz, sus sombras. El tiempo, caracola marina,
lluvia y relámpago
ala, pierna, remo
movimiento permanente
fijeza y quietud.
Tinta, hoja y pluma
la palabra que se vuelve viento
y que regresa un día hecha poesía.

La isla

La isla por dentro
No es lo que fuera se piensa
El sol intenso calcina el azul de su oleaje.

En las tardes de verano
En la isla
Asoman negros los nubarrones
Que amenazan la fragilidad de sus días.

La isla por dentro
No se parece en nada a lo que vemos
Al bordearla en el mapa
Con nuestros dedos de alabastro.

La isla es una Flor en desvelo
Que calla ante las preguntas tantas veces repetidas.
La isla por dentro
Ha reprimido los sueños de quienes desean ser libres.

Un par de alas

A la memoria de Adriana Alvarez

Con un par de alas prestadas,
y bastante maltrechas por tanto uso,
subes hasta el cielo.
Esta fue tu última noche entre nosotros
y aunque nadie nos lo anticipó
terminamos por aceptar lo irremediable.
La verdad es que ningún
mortal que haya subido al cielo ha vuelto
para contárnoslo;
tú no serás la excepción a esta regla
imperturbable
y te quedarás donde estás
iluminando, un poco, nuestras noches.
Nosotros, simples mortales, te buscaremos
entre las estrellas
y cuando veamos una nueva estrella brillar,
pensaremos entonces
que es un guiño el que nos haces
y creeremos que eres, por fin, dichosa.

El aire

En el bosque el aire
se contagia del verde de los árboles;
en el desierto
toma el color cobrizo de la arena
y se nos hace difícil respirar durante el día
pero por la noche
el aire se limpia, se vuelve diáfano
y vemos que la noche se va poblando de estrellas.
A la orilla del mar
el aire sabe a sal y tiene el olor de las algas.
Y cuando estoy junto a ti
el aire tiene tu olor y el sabor de tus besos
y por todas partes susurra tu nombre.

Me gusta…

De las ciudades sus parques
del campo sus variados tonos verdes
del jardín el canto de los pájaros
y el perfume de las flores,
de las montañas su porte majestuoso
de la nieve su blanco resplandor
de los ríos el ímpetu con que serpentean
para llegar al mar
del mar las olas rumorosas,
del cielo su azul apacible y luminoso
y las formas tan caprichosas de las nubes
Además de las puestas de sol arreboladas;
de la noche las estrellas
de la luna su profundo silencio.
De ti,
la calidez de tus palabras
y esa mirada limpia, franca y serena
con que me recibes cuando vuelvo a casa.

Himno a la muerte

En el interior de este templo sagrado
hemos sido formados
el polvo estelar es la materia prima
que nos conforma.
Con suerte, un día estaremos sentados
a la diestra de los dioses
alabando la belleza de la creación
que nos afanamos tenazmente en destruir.
El tropel desbocado del caos
se escucha por todas partes,
presurosos nos precipitamos hacia el abismo;
en masa apuramos el cáliz de nuestra propia destrucción
y pronto oiremos
los acordes solemnes de la muerte sin fin.

Los funerales de la muerte

Para alegría de muchos
se celebran hoy
sí hoy, en este momento preciso
y con gran pompa los funerales de la muerte.
¡Cómo lo oye mi hermano!
los funerales de la muerte misma.
Ya nadie volverá a morir
ya nadie podrá morir, aunque lo quiera
¡qué alegría!
¡qué desilusión!
Quién nos salvará de dolor
del hastío de la vejez
de las penurias repetidas de la vida.
Quién se apiadará de nosotros,
quién nos dará de comer
cuando escaseen los alimentos.
Nos atacaremos los unos a los otros
sabiendo de antemano
que todo lo que hagamos será un esfuerzo inútil
que es en vano nuestro empeño por morir.
Llegará entonces el día
        ¡quién nos lo iba a decir!
en que imploraremos a la muerte que vuelva
que regrese para ser la dueña de todo,
de estas vidas prestadas que vivimos
y que a ella le pertenecen por derecho propio.

La muerte

Por la vereda baja oronda la muerte,
Ella domina a sus anchas la lepra del tiempo,
Ahora va alegre a hacer un trabajo
No lleva prisa ninguna
Tal vez porque sabe que siempre llega puntual
Tal vez porque sabe
Que es la dueña absoluta de la vida
Y del tiempo
Y que llegado el momento,
Ella impondrá su silencio que es bueno y hermoso.

El amor

Antes del comienzo del mundo
cuando el espíritu creador aleteaba sobre
la oscuridad y el caos,
ya existía el amor.
El día después de que todo
haya sido engullido por la nada absoluta
solo perdurará el amor.

La soledad (I)

La soledad nace de la oscuridad de la noche,
de sus sombras que nos vuelven melancólicos.
La mañana en cambio, nace de la firme
redondez de tus pechos para irradiarle luz al día.

Soledad (II)

Me quedé dormido a la orilla
de tus noches,
el frío de tu prolongada ausencia
cobijó mi desnudez.
Tu lecho vacío fue la gruta
en que me refugié
hasta que me cegó la luz del alba
        y
        pude así,
        al fin, refugiarme en tus recuerdos.

Caminantes

Having left your native land, don't look back, the Erinyes are behind you.
Bells In Winter
Czeslaw Milosz

Nadie nos ve,
Aunque también caminamos
El mismo camino que todos los demás.
Con nuestras lágrimas
Hemos venido abonando la tierra
Por la que pasamos
Con la esperanza de que algún día
Dé frutos suficientes
Para que otros no tengan que emigrar.
De vez en cuando nos detenemos
A la orilla del camino
Lo hacemos para poder recordar
El lugar del que salimos,
La familia que dejamos atrás;
Es importante para nosotros recordar
Pues si no lo hacemos
A todos nos engullirá el olvido.

El árbol

Al despertar abrí los ojos y vi
Plantado, en medio del jardín, el árbol de la sabiduría,
De él aprendimos la diferencia entre el bien y el mal.
Recordé entonces el mandato del señor,
Pero ya, para entonces, era demasiado tarde
Eva, mi compañera, y yo ya habíamos comido sus frutos.
El árbol no solo nos alimentó
Sino que además despertó en nosotros la curiosidad
Y el deseo por saber
(¡Claro!, a mí, eso me volvió egoísta y vanidoso),
Además, de este árbol aprendimos varias cosas sencillas:
A disfrutar de su sombra en las tardes de estío,
A apreciar el canto de los pájaros todas las mañanas
Y de una de sus ramas dejó que colgáramos un columpio
Para que jugáramos alegres como si fuéramos niños.

Los milagros

Para mí, los milagros son cosa de todos los días
Veo la vida como un milagro en sí misma,
Tal vez, el mayor de todos los milagros posibles.
Y algo tan cotidiano como el hecho de respirar
También lo considero un milagro.
Tener un plato de comida y un pichel de agua fresca
Y alguien con quien compartirlos,
Es, sin duda, un verdadero milagro.
Los colores vibrantes de la madre naturaleza,
Las formas caprichosas de las nubes sobre el telón azul del cielo,
El porte imponente de las montañas y cordilleras,
La callada indiferencia de las rocas
La textura húmeda del pasto bajo nuestros pies desnudos,
La belleza arrebatadora de los lagos,
El agua abundante de los ríos,
El ritmo recurrente del mar.
La perfumada belleza de las flores
Y de las mariposas que se posan sobre ellas sin lastimarlas,
El canto de los pájaros por la mañana
La estructura de los árboles y la sombra fresca que nos prodigan,
La salida del sol cuando se está en la playa,
El color del horizonte al caer la tarde
Y la posterior belleza de la noche colmada de estrellas,
La serena belleza de la luna;
Todos milagros que ocurren a diario.
Una sinfonía de Beethoven, una canción de Cat Stevens

La dulce voz de Ana Belen, de Edith Piaf o de la joven Camila Cabello,
La actuación de Ingrid Bergman y Humphrey Bogart en Casa Blanca,
La arrebatadora belleza de Ava Gardner.
La Odisea, la Divina Comedia o El Quijote de la Mancha,
Un poema de Whitman,
Algunos cuentos de Borges o de Juan Rulfo;
El milagro de un grano de arena, unidad esencial del universo,
Y el don de la fe.
Todos y cada uno milagros y nada más.
El hecho mismo de que haya en el mundo alguien que nos ame
Y a quien podamos amar
Quizá, junto a la vida, el milagro más grande de todos.

La guerra más antigua

Este viejo y maltratado colchón ha sido,
Escenario de múltiples batallas
En la guerra más antigua de todas:
La del amor.
En ella hemos combatido sin más armas
Que nuestros cuerpos desnudos
Sin que después de tantos años haya habido
Un claro vencedor.
Hemos sido, sin embargo fieros combatientes
Guiados por la fuerza impetuosa de las pasiones
Y de nuestra libertad,
Pero en ambos campamentos,
Con el pasar de los años,
Han ido menguando las fuerzas de combate,
El fuego se ha ido extinguiendo
Hasta el punto de que casi han cesado las hostilidades
Y hoy reina una tensa calma.
Ambos hemos sacado nuestras banderas blancas
Y hemos establecido una tregua,
En realidad se trata de una capitulación triste.
Somos ya dos soldados en plena retirada
Camino a la locura o a la muerte.

Otras verdades

La sed nos enseña más sobre el valor
Del agua que la misma química;
Del amor aprendemos
Por la agonía que nos produce ver
Irse al amado sin saber si quiera si volverá;
La belleza arrebatadora de la noche
La conocemos gracias
A las estrellas que cubren el firmamento;
De los pájaros aprendemos el valor
De la libertad sobre todo cuando por fin
Dejan el nido y se echan a volar;
De la muerte nos enteramos por la postura rígida
A la que nos obliga
Y por la falta de oxígeno en los pulmones.

Ritual de tarde

La luz del sol,
Forma estrellas entre las ramas de los árboles
El viento fresco que sopla por la tarde
Se lleva siempre nuestras memorias más íntimas.
Lejos quedan ya los días de infancia
Los juegos, las peleas, la cómplice camaradería;
Los profesores de la escuela están ya
Todos muertos.
Ahora nos toca vivir esta vida de adultos mayores
Que nos impone siempre
Las más variadas responsabilidades;
Hasta plantar flores en el jardín se ha vuelto
Una tarea ineludible,
Una treta burda para matar el tiempo
Que nos queda por delante.
Todas las tardes
Tú y yo, cumplimos cabalmente con el ritual
De sentarnos frente a frente
Y en silencio conversar con los recuerdos
Que nos dejan siempre el corazón desvencijado.

El tedio de la normalidad

Por algún tiempo, la pasión desbordó a los amantes
Que se amaban todo el tiempo
Y en cualquier lugar.
Ellos eran una pareja
Que no vivía en el presente de nosotros (los demás)
Sino en el suyo propio
Hasta que un día amanecieron sin nada que decirse
Vacíos de todo,
Incluso del deseo que los habitó por tanto tiempo.
Y así, poco a poco, el tedio y la rutina los invadieron,
Se volvieron personas "normales" (como todos nosotros)
Sin otra cosa que hacer que ver pasar las horas
Frente a la televisión,
Consumiendo comida chatarra a montones
Mientras ven las series de Netflix
Las películas de Disney y los programas de Hulu.
El daño estaba hecho,
Las buenas intenciones y las repetidas promesas de amor
Habían muerto.
Hoy solo les queda la amargura
Expuesta bajo la luz del día que desnuda su miedo
A dar el salto definitivo hacia su libertad.

Metamorfosis

Me he despertado siendo un pez
Con mis escamas, branquias, espinas
Y mis ojos saltones
Que pueden y saben ver en la oscuridad
Profunda del mar.
Anoche aún estaba bien,
Me acosté a dormir temprano, como siempre,
No sin antes darle el beso de buenas noches a mi mujer.
Pero hoy todo es distinto
Desperté siendo un pez errante
Pude haber despertado siendo un pájaro,
Un árbol, un río, un volcán activo o una simple piedra
Pero no fue así,
Y desperté siendo un pez cuyo corazón
Palpita en las profundidades del día
Huyendo de la mano agresiva del hombre.

Voces

Oyes las voces María
Por favor dime que tú también las oyes
No sé si es Dios o un loco
Que se ha metido en mi cabeza hueca
Quizá lo mismo dé.

Por favor, pon atención María
Y dime si entiendes algo de lo que dicen
Dime si tengo que huir o esconderme
Averigua si pretenden acabar conmigo.
No me dejes solo María
Escucha con cuidado y dime lo que debo hacer.

Perdóname si te hice daño María
Todo es culpa de esas malditas voces, te lo juro.
No me abandones,
No dejes que me lleven lejos,
No dejes que me pongan esa camisa para los locos.

Quédate a mi lado, ayúdame a ser fuerte,
A resistir los electrochoques;
Por lo que más quieras María,
No me dejes solo
Ahora cuando más te necesito.

Oyes las voces María
Por favor dime que tú también las oyes….

Tipos de gente

Hay gente de todo tipo
hay quienes se inspiran en la palidez de la luna
a otros la energía del sol los anima.
Hay unos que sueñan muy alto
y aspiran gozar del brillo de las estrellas.
Pero también hay gente frívola y gente insensata
hay gente buena y gente mala
gente enferma y gente sana;
hay mucha gente tonta y unos cuantos sumamente inteligentes
hay gente piadosa y gente violenta;
hay gente luminosa
y hay quien prefiere resguardarse en las sombras;
hay gente amistosa y gente caprichosa
hay gente alegre y gente angustiada.
Hay cantantes y plañideras
poetas y proxenetas
hay pilotos y gendarmes
artistas y carteristas
los hay atletas y deportistas.
Hay banqueros que te dejan en cueros
y gente que vive, por años, en las calles
hay pocos santos y mucha gente que nos da espanto
hay profesores buenos y malos
y la plaga de políticos corruptos no tiene cura;
hay gente que promueve la vida
y otros que viven de ser agentes de la muerte.

Los Viejos (I)

Los viejos, como las aves
en el invierno,
migramos hacia el sur.

Los viejos (II)

¿Qué satisfacciones tiene, para un viejo, la vida?
Ya ha pasado el tiempo feliz de disfrutar de los placeres del sexo
Ahora somos casi todos impotentes.
El alcohol lo tenemos prohibido
Pues es una bomba que hará que nos explote el hígado.
Disfrutar del placer de la comida
Ni pensarlo, pues el colesterol y la presión arterial amenazan
Con reventarnos el corazón.
La artritis nos inflama las articulaciones,
Y nuestras piernas están cada vez más débiles;
Un día descubrimos que ya no podemos oír
Y perdemos constantemente el balance
Y las caídas están siempre a la orden del día;
De la vista ni hablar, somos incapaces de ver nada
A medio metro sin la ayuda de anteojos.
Los dientes empiezan a desgranarse como si la boca
Fuera una mazorca de maíz.
Fumar ni pensarlo pues, el vicio terminará
Por echarnos a perder los ya de por sí maltrechos pulmones.
Por este camino
Casi todo resulta nocivo para nuestra vida y bienestar.
La lista de prohibiciones
Conforme pasan los días es cada vez mayor;
Lo único que nos queda
Es el refugio fiel del preciado silencio.

El poder de sus palabras

Mario era como un dios para mí
en esos días aún estaba casada,
(era mi cuarto matrimonio ¡ya lo sé!)
Cada vez que se anunciaba un nuevo libro suyo
las ansias me consumían;
una vez en mis manos
lo leía con desaforada pasión
devorando sus historias.
Yo vivía atada a la lectura de sus textos,
que muchas veces, incluso, releía.
Sus palabras eran fuego que me consumía desde dentro,
sus páginas una llamada secreta
que inflamaban mi alma de deseos impuros;
la piel se me erizaba
todo mi ser respondía a su voz distante,
a sus imágenes llenas de sensualidad.
Sin él saberlo escribía para mí sola.
Y ahora ya todos lo saben
fuimos la comidilla de las revistas del corazón,
nuestra unión fue una bomba
pero lo que nadie sabe, ni puede siquiera imaginar,
es el tamaño de mi dicha actual
pues lo tengo aquí a mí lado, solo para mí
y noche a noche
arropo sus sueños con el calor de mis desvelos.

Las palabras (I)

Las palabras se estrellan
contra el oscuro muro de la noche
contra el vacío transparente del aire
contra el azul indiferente del cielo.

Las palabras se estrellan
ante el oído terco
ante la indiferencia que nos circunda
ante el sufrimiento ajeno
ante la absurda cerrazón de los políticos
ante la arrogancia del que solo vive para atesorar dinero.

Las palabras se estrellan
frente a su propio deseo de impresionar al incauto
frente a la belleza indiferente de la piedra
frente al empecinado silencio de Dios.

Las palabras (II)

> ¡Y si después de tántas palabras,
> no sobrevive la palabra!
> ***César Vallejo***

Las palabras son como las rosas
Que si no tiene espinas y no lastiman
Hay que sospechar de ellas,
La palabra que no nos pincha
No es palabra viva.

No sirve la flor que no abre
Y nos da su belleza y su perfume
Tampoco la palabra estéril
Que nada nos provoca y nos deja indiferentes.

Las palabras son también como las joyas
Que de poco sirven si no se usan,
Si no se lucen ante los otros,
Aunque solo sea para provocar envidia.

Y para los que nada tenemos,
Las palabras son,
Por muy poca cosa que nos parezcan,
Nuestra única fortuna.

Poesía

La poesía es una mujer hermosa
Luminosos sus grandes ojos negros
Que a su paso exploran todo.
Lleva las pestañas largas y rizadas
(puede que sean falsas)
Su cabello huele a limpio
Y siempre cae suave y libre sobre sus hombros;
De sus orejas penden grandes arracadas
A su cuello lo adornan resplandecientes collares.
Con su vestido corto
Y pegado al cuerpo como una segunda piel
Al caminar se cantonea
Sabiendo que todos deseamos estar con ella.
Todas las tardes,
Aun cuando el rumbo que lleva sea un misterio,
Pasa frente a mi puerta
Y aunque nunca se detiene a saludar
Sé que me ha visto
Con esa mirada altiva que tienen las mujeres bellas
Y que se saben deseadas.
Belleza es pues,
Otro de los nombres de la poesía.

Poeta

Al despertar el alba
Invoco la presencia de las musas
Para poder someter las palabras
Y así componer un poema
Que sea medianamente decente.

Un par de sandalias

En el ardiente verano
Del desierto de Judea,
Muy cerca de la bíblica Jericó,
      Mientras visitábamos
El Monte de la tentación,
Me encontré, por casualidad,
      Un par de sandalias viejas
Que mi abuela venera
Porque cree calzaron
Los humanos pies de Jesús.

El tiempo

Por muchos años no reparamos
En el frágil e imperceptible paso del tiempo
En esa forma tan suya de ser
Hasta que un cierto día
Frente al vacío del espejo descubrimos
Que muy disimuladamente
El muy ladino, se ha ido quedando entre nosotros.
Su quieta presencia
Ha cobrado ahora una realidad aterradora
Y su victoria,
Esa máscara que es ya nuestro envejecido rostro,
Es total e irreversible.

Te doy

Te doy mis noches y todas sus estrellas.
Te doy un lugar para descansar en mi corazón,
Un espacio entre mis sábanas
Para que no pases frío en las madrugadas de invierno.
Te doy mis sueños
Para que te sirvan de cartografía
Y puedas navegar el complicado mundo que habitas.
                Te doy mi amor
Por si acaso todavía necesitas recalar
En un puerto seguro.
Te doy las gracias por todas esas horas de dicha
Y de felicidad que me hiciste pasar.
Te doy mi alma
Aunque la última vez la hayas dejado tan maltrecha.

Declaración oficial

Este poema es tan mío
Como malo,
Pero tiene la virtud de ser corto
Como ustedes mismos
Lo pueden comprobar
Si cometen el error de leerlo.

Plegaria

Qué la amistad poética
de la luna
siempre esté con nosotros.

Te nombro

Eva te nombro
ahora que ya eres carne de mi carne.

La pobreza…

es un perro sarnoso,
flaco y mal oliente
cargado de pulgas
que me busca
y siempre, con su agudo olfato,
me encuentra
donde quiera que yo esté.

Tu esclavo soy

Aunque vives encerrada
                    en mi corazón,
soy esclavo de tu amor.

Confesión

Ahora que estoy viejo
Ya no tengo
Ni el valor ni la fuerza
Que se necesitan para vivir.

Tomo tus manos

Tomo tus manos
Y observo la línea de la vida;
Es un camino largo y bien delineado
Que te llevará hasta
Los confines del tiempo y su silencio.

Lágrimas saladas

Como el agua misma del mar
Lágrimas que resbalan dejando un surco
En las mejillas agrietadas,
Lágrimas de dolor y de agonía.
Lágrimas que jamás se olvidan porque se gravan
Con fuego para siempre en la memoria.
Lágrimas en ojos cansados que lo han visto todo
O casi todo,
Incluso el ciego rostro de la muerte.

Avaricia

Mis avaros ojos
Luchan por conservarte
Para mí solo.

El cuervo

Parado, sobre el silencio de una roca
El cuervo me mira
Y me reta a que me acerque a perforar
La roca que le sirve de atalaya.

Mi vocación

Desde que te conocí, tú eres mi vocación.
A través de ti me habló Dios
Y me asignó tu bienestar y tu felicidad
Como mi tarea primordial.

No basta

No basta con hacer lo mejor que se pueda
Eso nunca es, en verdad, suficiente
Hay que darlo todo
Arriesgándose, incluso, a perder la vida.
Al fin al cabo,
El mundo no necesita de nosotros
Para seguir existiendo.

Rosa pregunta

¿Qué palabras riman con hermosa, profesor?
Tú, que te llamas Rosa
tu nombre, como ves rima de forma consonante
con hermosa.
Y ¿qué otras palabras, además de Rosa?
Primorosa, preciosa, olorosa
todos adjetivos como podrás comprender
y además, una palabra que a las mujeres brasileñas
las ofende y que por tanto no podemos aquí escribir
y así nos evitamos problemas.
Bueno, y ¿cuáles otras?
Prosa babosa (perdona, por un descuido se me olvidó
la coma y terminé diciendo lo que no quería decir)
pero ambas, tanto prosa como babosa, riman con hermosa
y también como ya sabes con tu nombre Rosa
(o también sin mayúscula aunque entonces sería un sustantivo y no un nombre propio)
además de estas dos palabras también riman los siguientes adjetivos:
dolorosa, perezosa, generosa, bondadosa, dadivosa, milagrosa ¡igual que la virgen! sí, así mismo, igual que la virgen
¿y olorosa también?
¡claro que sí! muy bien ya vas entendiendo Rosa.
Y también cosa
Sí, pero esta palabra también puede ofender a algunas
mujeres que pueden sentirse denigradas si un hombre las
llama cosa.

Rumba

El viento pasa de largo
pasa cantando su alegre canto
su alegre canto pasa cantando
el viento pasa alegre
pasa cantando su alegre canto
su alegre canto se va cantando
¿se va pa' dónde?
yo no lo sé
yo solo sé que se va cantando
su alegre canto
su canto alegre pasa cantando;
pecho con pecho
mano con mano con mi morena
lo voy bailando
bailo de lado, bailo apretado
con mi morena
yo estoy gozando.
El viento pasa, alegre pasa
pasa cantando
se va cantando su canto alegre
su alegre canto se va cantando.
Allá arriba el cielo calla
pero aquí abajo
el viento pasa, pasa cantando
el viento se va, se va cantando
su canto alegre
su alegre canto.
Yo con mi negra me voy pa'l cuarto
a seguir bailando,

a seguir gozando
y mientras tanto el viento alegre
se va…
se va cantando su alegre canto.

¿Quién soy yo?

¿Que quién soy yo?, me preguntas
y me gustaría no tener que responderte
sería, tal vez, mejor que no lo supieras.
Soy el mal hecho realidad
soy un cúmulo de falsedades y verdades a medias;
tengo el rostro de la envidia
y yo mismo
soy la suma de toda la estupidez humana
de su falta de sentido común
de su desprecio por la naturaleza
y por la vida;
tengo el rostro verde de la avaricia,
del afán por atesorar dinero y también poder;
gozo humillando a los demás
para demostrarles que soy más fuerte, más listo,
más inteligente.
Soy lo que tú no quieres llegar a ser
lo que temes ser
mientras te miras cada mañana en el espejo.
Con el tiempo comprenderás
que yo soy
tu mayor enemigo y tengo tu mismo rostro.

Alzheimer (I)

Con el paso de los años,
se me han ido borrando todos los recuerdos
los he ido dejando tirados por las veredas de la vida
o tal vez los haya guardado tan bien
en algún lugar del que no puedo acordarme,
aunque lo quiera.
Amanece hoy y este nuevo día
se me presenta como una llanura vacía
que se va llenado con las gotas lentas de las horas
que pasan sin ir a ninguna parte.
Hoy también, me duelen las ausencias,
cada uno de esos rostros que ya no me recuerdan nada
                aunque ellos se empeñen
en tratar de convencerme que son mi familia.

Alzheimer (II)

Poco a poco, con el paso de los años, los nombres
se nos olvidan, se nos van borrando,
se esfuman de nuestra memoria como por encantamiento;
es la fuerza avasalladora del tenaz olvido.
Entonces,
todo lo que nos rodea se vuelve un "eso" incierto
al que le sigue un gesto torpe hecho con mano temblorosa.
Es verdad que hay algunos adjetivos que perduran
un poco más en el tiempo, especialmente
los que hemos proferido con mucho afecto y fervor.
Lo último que se pierde, en el pozo del olvido, son los verbos
sus acciones perduran por su ímpetu y su fuerza cotidiana.
Después la nada.

La vida

Nuestra vida discurre
entre una canción de cuna y un rezo
para el descanso eterno de nuestra alma
después,
volvemos al seno oscuro de la tierra.
Bien lo sabemos,
de polvo somos
y polvo volveremos a ser
el día menos pensado
pues, para morir cualquier día es malo.

La felicidad

Aun cuando cambies de cara
de casa, de calle, de ciudad, de país,
de gimnasio, de pareja, de doctor
y hasta de nombre
nunca podrás disfrutar de la dicha que anhelas
a menos que resuelvas la insatisfacción
que tienes contigo mismo.
No podrás ser feliz a menos que descubras
lo que pasa en tu interior.
Si piensas que yéndote a otro lugar
o que cambiando de pareja o de trabajo serás feliz
                              piénsalo dos veces
y todavía unas cuantas veces más
pues la alegría de vivir
eso que se conoce como la felicidad
es algo que se lleva dentro
y muy poco importa el lugar donde se esté.

Lo simultáneo

Verlo todo de golpe y en un solo instante,
romper con los moldes de la lógica aprendida
durante los largos años de escuela,
despojarse de la camisa de fuerza
que nos impone el pensamiento lógico
y consecutivo por siglos heredado;
dejar en paz al viejo Aristóteles
y a Santo Tomás y toda la tradición escolástica
para abrazar
de una vez por todas, la visión de lo simultáneo
del todo integrado en su natural fugacidad
aunque no sea fácil
aunque nos cueste sangre y tengamos que
reaprenderlo todo de nuevo y desde el principio.

La tierra

> El error consistió
> En creer que la tierra era nuestra
> Cuando la verdad de las cosas
> Es que nosotros
>   somos
>   de
>   la
>   tierra
> PERDONE SEÑOR PARRA
> *Nicanor Parra*

Nosotros somos de la tierra
de ella venimos
y a ella hemos de regresar un día.
La tierra NO nos pertenece
no somos sus dueños,
esa es una burrada de los hacendados
para explotarla a su antojo
basados en sus mezquinos intereses.
La tierra somos todos,
      Todos, somos de la tierra…

Yo los bendigo

Yo los bendigo ríos de nuestra América
Y pronuncio sus variados nombres
Con admiración y respeto
Como lo hicieron ya otros muchos,
Antes que yo.
La bizarra frivolidad de la especie humana
Los ha contaminado,
Ha violentado el sagrado equilibrio
Tan sabiamente ideado por la madre naturaleza,
Que tal vez sea otro de los nombres de Dios,
Sentenciándonos de esta forma
A la irremediable extinción de nuestra especie.

Quien corta una flor

Se equivoca quien corta una flor
Para así atrapar su belleza.
Aquel que corta una flor
A lo sumo obtendrá, por unos instantes,
El perfume de la misma
Y conservará, por muy breve tiempo,
El color intenso de sus pétalos
Que se irán marchitando
Irremediablemente con el pasar de los días.
Pero la esencial belleza de la flor
Le pertenece solo a ella
Y a los ojos que saben apreciarla
En su hábitat natural.
La elusiva belleza de una flor
Jamás será secuestrada para engalanar un florero.

Cuando amanece

Solo, sin más compañía que la oscuridad de la noche,
Espero tendido en mi cama a que amanezca,
A que aparezca bajo la puerta la plateada raya de luz
Que anuncie el alba.
De pronto oigo las campanas que llaman a misa de seis
Y en el patio se escucha ya el trajín de mujeres
Preparando comida para quienes se van a trabajar a las milpas.
El olor a café y a tortillas calientes
Se filtra por todas las rendijas de mi cuarto.
Me siento en la cama, con mis pies busco las sandalias
Y me levanto.
Abro la puerta que da al patio para ir al baño
Doy unos pasos, todavía adormilados, hacia el corredor
Los rayos tibios del sol me pegan de frente;
Oigo a las mujeres que dicen
"Por fin se levantó el señorito", lo dicen con gracia y malicia, a la vez.
Respiro el olor de los geranios
Mientras escucho el canto de los pájaros que nos alegran la mañana
A pocos pasos del baño,
Oigo el cacarear hambriento de las gallinas en el traspatio.
Respiro profundo para llenar los pulmones
Del sabor del campo
Y me dejo envolver por el misterio luminoso que es la vida.

Esta tarde

Esta tarde tenemos una luz rosada,
sin peso, que agobia por su levedad tan brava.

Esta tarde, el sol lo calcina todo,
solo las iguanas y las lagartijas se asoman a respirar
este aire caliente y húmedo.

Esta tarde en esta playa tan lejana
he oído el callado rumor
de la arena desmoronándose bajo mis pasos
mientras allá, en lo alto del monte, un mono defiende
a gritos el territorio
y el viento hace gemir los árboles
mientras borra la sombra fresca de las nubes.

Esta tarde...
me gustaría que te estuvieras aquí conmigo,
en Manuel Antonio.

Codo a codo

Codo a codo lucharemos
De noche combatiremos
La tristeza anularemos
Por pasión a los demás.

Codo a codo bailaremos
Las canciones cantaremos
Y después nos amaremos
Por afecto a los demás.

Codo a codo triunfaremos
El amor difundiremos
La alegría traeremos
Por amor a los demás.

Codo a codo nos iremos
Otra vida viviremos
Este mundo dejaremos
Por el bien de los demás.

Oda a Pablo Neruda

Fuiste un hombre generoso,
              un prolijo cultivador
de los más variados versos
a la manera del
              portentoso Whitman.

Desde joven,
te comprometiste
con las causas de los pobres,
              donde quiera que viviste.

Hiciste poesía hasta
de las cosas más simples
            y sencillas:
    un calcetín
    un tomate
    una uva
    una cuchara
te sirvieron de motivo
para tus odas.

No podrías haber olvidado
la nevada hermosura
de la cebolla.
Notoria fue
tu pasión por el mar,
él te recompensó
llevándote a muchas partes

         y tu destino final
                  fue Isla Negra
donde tus huesos descansan
                  de cara al mar.
Poeta del amor,
del paso del tiempo
de la fuerza impetuosa
de la naturaleza
del socialismo
que se ha ido corrompiendo
                  en todas partes.
Enamorado viviste
de la vida
de las mujeres
de la tierra
del sueño de justicia
que anhelaste desde joven.

Hoy que la noche
y su alado silencio
han cerrado tus párpados
para siempre
la poesía te ciñe
su corona de olivos
y te regala
un sinnúmero de lectores
         de todas las edades
y en todos los rincones
de la tierra.

Salud poeta
donde quiera que te encuentres.

Dura manera

En las iglesias y en las escuelas rurales
Y de los pueblos pobres,
Tal vez también en algunos otros lugares,
Las bancas de dura madera
Son una forma de mantenernos despiertos.
Aunque hay quien piensa
Que son simplemente instrumentos de tortura;
Un cruel castigo
(Si bien no divino ni pedagógico)
Que busca enseñarnos lo que a juicio
De esas sacro-santas instituciones
Debemos aprender para expiar nuestras culpas
Y superar nuestra testarudez.

Leopoldo María Panero

Y tú...
Y tú poeta
Y tú que hablaste con las piedras del río

Y tú...
Y tú que sufriste la mordaz indiferencia de nuestro tiempo
De todos aquellos que denigraron tu poesía.

Y tú...
Tú y tu locura...
Tú, tu locura y todo el silencio que llevabas dentro...

Tú…
Y tu poesía
Fueron en tu vida, y hasta el último instante,
Uno y lo mismo.

Canto terrenal

Se necesita de la elemental energía del amor
Para vivir la vida a plenitud,
Un poco de cariño aligera siempre el peso
De la dura existencia.

Tu voz me arrulla a la hora de dormir;
Tu cuerpo me ayuda a conciliar el sueño,
A cargarme de energía
Para poder afrontar los retos del día que me espera.

Los besos, las caricias y los abrazos son el idioma
Natural de hombres y mujeres;
Son además la garantía de que el amor
Sigue siendo el eje sobre el cual gira el mundo.

Mañana al despertar,
volveremos a recorrer los caminos de siempre
Y gozaremos del roce fresco de la hierva
En nuestros pies descalzos.

Y cuando llegue el verano,
Sufriremos bajo la aridez ardiente del sol
Y el polvo seco
Se pegará a nuestros cuerpos sudorosos.

Caminaremos juntos la misma senda
Caminaremos sin descanso hasta que nuestros huesos
Se hagan polvo

Y besemos el rostro lívido de nuestra propia muerte.

Sin embargo, aunque un día tendremos que morir,
Habremos tenido la dicha inmensa
De haber conocido el amor
Y por ello mismo, habrá valido la pena haber vivido.

La voz de Dios

En las huellas dejadas
Por todos los rostros que se miraron,
      En una tarde cualquiera,
En el espejo del baño
De la estación de autobuses de Boston
      Dios me ha hablado.

La presencia de Dios

Un suave y dulce aroma,
Una sinfonía de silencios acompasados
Que se desenvuelve a lo largo
De la historia desde el primer día.

El viaje

Anoche andaba perdido
Y una sombra me encontré
        Con miedo le pregunté
¿Dónde me había metido?

La sombra me respondió
"Que a las puertas del infierno"
¡A las puertas del infierno!
Dije. "Sí", me contestó.

La sombra me preguntó
"Qué es lo que andaba yo haciendo"
Qué si me estaba muriendo
Con su mirada indagó.

Entonces le contesté
Un poco desmejorado
Que en lugar tan apartado
Solo porque me extravié.

Al mirar que yo temblaba
Me dijo: "no tengas miedo
"Que todo te valga un bledo";
Y mientras se me acercaba.

Después bajamos pegados;
        El camino era sinuoso
Lo que miré era penoso
        Olía a cuerpos quemados.

El diablo tenía apuro
Me ordenó que lo siguiera
    Me dijo que no temiera
    Que todo estaba seguro.

De paso me aseguró
    Que no había que correr
    Que solo venía a ver
"Después te vas", afirmó.

¡Socórreme Dios eterno!
Que no soy gente valiente
Y el infierno es muy caliente.
    Al fin, salí del averno.

Preguntas impertinentes

Estas preguntas son del todo impertinentes y no necesariamente están relacionadas entre sí. Siéntase en libertad quien esto lea de ignorarlas por completo.

a. En el paraíso Dios castigó la curiosidad de Eva y Adán, la misma que él provocó al decirles de este árbol no comerán, sin embargo tiempo después el mismo Dios usó la curiosidad de Moisés frente al arbusto que se quemaba, pero no se consumía para darle la misión de liberar al pueblo de Israel. ¿Es que acaso evolucionó Dios con respecto a la curiosidad humana?

b. Beber de la copa ¿Significa que habrá que beber de su boca? Esta pregunta nunca fue hecha por ningún discípulo, pero bien pudo haber sido pensada por Tomás, que tiene fama de haber sido el más incrédulo de todos.

c. Tres veces negó Pedro a Jesús antes de que el gallo cantara; y tres veces también el maestro le preguntó si lo amaba más que los otros, hasta que la tercera vez Pedro pareció perder la paciencia. ¿Por qué con Pedro las cosas siempre se daban de a tres?

d. Sabemos que Jesús partió el pan. Pero no sabemos ¿si el pan partió a Jesús?

e. Un buen creyente afirma que Dios tiene el control del universo. Ahora bien, cabría preguntarse, al menos en la actualidad, ¿si no son los gobiernos los que gobiernan a Dios?

f. En un diálogo imaginario entre dos amantes podría a uno de ellos ocurrírsele esta pregunta: Amor, ¿y qué hacemos con la razón?

g. Y hablando de otra cosa muy distinta, por ejemplo de la oreja que se mochó van Goth, podría uno preguntar (aunque no sé a quién habría que hacerle la pregunta) ¿si ésta, por fin, llegó a su destino final?

Pregunta

La agonía de aquel hombre de mirada
suave y profunda
acusado por sacerdotes y escribas de blasfemar
y alentar una rebelión en contra del imperio;
después de un juicio amañado
con tres clavos lo fijaron al madero;
una lanza le perforó el costado,
y no hizo falta romperle un solo hueso
pues, ya se había aferrado a la muerte
como su único consuelo.
Pero y qué de nosotros,
los que nos quedamos aquí, medio confundidos,
medio extraviados,
sin saber, bien a bien, lo que nos conviene hacer
lo que debemos decir
cuando nos preguntan si somos parte del grupo,
si somos seguidores suyos.
Nosotros que cargamos con el remordimiento
y la culpa de no haber luchado por él,
de no haberlo defendido.
Y ahora, de repente, todo depende de nosotros
para perpetuar su memoria
para que continúe su proyecto
para que se hagan realidad sus sueños,
por más disparatados que nos parezcan.
Esta noche cuando nos reunamos en casa de Tomás,
      el más desconfiado de todos,
después de tantos días de andar a salto de mata

escondiéndonos los unos de los otros
y de los soldados.
Esta noche decía, tal vez tengamos el valor
de mirarnos a la cara y de contestar
la pregunta que está en boca de todos desde aquel día:
¿de qué sirvió su sufrimiento si todavía hoy seguimos
sufriendo?

Para vivir muero[3]

En su mejor poesía
San Juan de la Cruz lo dijo
el amor de Dios bendijo `
tal cual se lo merecía.

Vivo sin vivir en mí
pues sin dios vivir no puedo
todo se vuelve un enredo
        un mundo fuera de sí.

Sin fe la vida no abriga
        un simple sobrevivir
sin más un ir y venir
apenas mera fatiga.

Sin Dios todo es sufrimiento
        y aunque se tenga dinero
              llega el instante postrero,
de pronto todo es tormento.

En verdad mi vida en sí
no tiene mucho sentido
        todo falso, un sinsentido
        el mundo fuera de mí.

---

3 Poema presentado en el XXII encuentro de poetas Iberoamericanos en honor a San Juan de la Cruz, Universidad de Salamanca, Salamanca España, 15 de octubre, 2019.

Como pez fuera del agua
                       así mi vida adolece
y como barca se mece
                       con la corriente del agua.

Sin la presencia de Dios
          pura química es la vida
          de dados una partida
es mejor decirle adiós.

Vivir sin Dios esta vida
no tiene ninguna gracia
y la muerte no es desgracia
          lo es esta vida sufrida.

Puesto que sin Dios no hay vida
          desde hoy me acojo al madero
y de tal manera muero
para vivir la otra vida.

La visión de Juan

Lo que ha pasado, lo que es
Y todo lo que vendrá
Todo junto lo verá
Aunque todo distinto es.

Juan dichoso se sabrá
No por propia habilidad
Si no por la voluntad
Del señor que lo guiará.

Y Juan la sabiduría
Del padre recibirá
Y hasta el cielo subirá
Pletórico de alegría.

Desde allá contemplará
Los desastres terrenales
Los designios celestiales
Y piedad implorará.

La humanidad obtendrá
Misericordia divina
Pues Dios el mal abomina,
Juan a Dios alabará.

Síguelo a él...

Al poeta Alfredo Pérez Alencart

y tu vida no será en vano,
síguelo a él y tu corazón conocerá la alegría
no será fácil, pero nada en
estos tiempos tan recios es fácil.

Tomado de su mano vive tu vida
y nada te derrotará
aunque a veces te turben los problemas.

Síguelo a él, aunque te lluevan desgracias
y no olvides
que todo en este mundo son dichas falsas.

Toma tu cruz y síguelo
valdrá la pena, te lo aseguro
nada te faltará. Ya lo verás.
Sigue sus pasos y sé feliz...

Pascua

La corola de la flor
que en el jardín floreció
      tiene el rojo de la cruz
en que ataron a Jesús
ese que fue carpintero
y que cargó su madero
y en él la vida entregó
      como muestra de su amor.

Ciudadano del mundo

No me lo tome a mal quien esto lea,
Pues no es petulancia de mi parte
    (aunque bien puede parecerlo)
Pero la verdad es que me siento
Ciudadano del mundo,
Lo digo con toda sinceridad
Y por ello saludo a todos los habitantes
De la madre tierra
Donde quiera que se encuentren.
Tomados de las manos hagamos una cadena
De solidaridad humana
Y compartamos lo que la tierra nos da
Lo mismo en Manaus, Tokio, Sofía o Hong Kong
En Pekin, Singapur, Morelia o Kuala Lumpur
En Damasco, Madagascar o Barcelona,
En San Salvador, Sicilia o Sarajevo
En Brisbane, Christchurch o Liverpool,
Igual en Lima que en Denver o en Nueva York
En Buenos Aires, Suriname o Lisboa
En Cuzco, Antigua, Maracaibo o Barranquilla
En Teherán, Boston, San José o Amsterdam,
En Madrid o en Guayaquil;
Lo mismo en Toronto, Berlín o Bagdad
En Rabat o Hanoi
En Chiriquí, Odense, o La Paz
En Punta del Este, Memphis o París
En Asunción, Santa Barbara, o Managua
En Chicago, Kingston o Los Angeles

En Santiago, Cape Town, Tripoli o Bogotá,
En Zurich, Hoffa, Viena, o Aleppo
    En Beirut, Moscú o Budapest,
En la Habana, Santo Domingo o en San Juan,
    En Estocolmo, Roma, o Estambul
En Praga, São Paulo, o la mismísima Atenas.

Merodear por Manhattan

Pese al agobiante tráfico y a las constantes aglomeraciones
Vagabundear por las calles de Manhattan
es siempre un placer.
Cuando estoy en la ciudad,
Voy a todos los lugares, uno detrás de otro.
Al amanecer, me gusta contemplar el majestuoso Hudson
Después me gusta atravesar el puente Brooklyn
Y de regreso me detengo a descansar en el parque del City Hall
Me detengo un breve instante en el memorial del 11 de septiembre
Y desde allí camino hasta el Battery Park
Para tomar un Ferry y visitar la Estatua de la Libertad.
¡Qué emoción!
Pasarse un fin de semana deambulando
Por los distintos rumbos de la ciudad de la ciudad.
A la mañana siguiente ir hacia el rumbo del parque Central
Pasar frente al Empire State,
Para después disfrutar de un rato ameno en la biblioteca pública, Comerse un bocadillo en el parque Bryant
Para después seguir hasta el Centro Rockefeller
Y de allí visitar la catedral de San Patricio que está a unos pasos;
Detenerse en el edificio de Grant Central
Sin olvidar ver el edificio de las Naciones Unidas
Aunque no nos permitan entrar.

Antes de caminar por el parque central hay que ver el hotel Plaza
Y una vez en el parque ir directo a la fuente Bethesda,
Visitar el memorial a John Lennon
Tomar una siesta bajo la sombra de un árbol
Para después bajar por Columbus Circle
Y llegar a Times Square, preferiblemente de noche.

Décima

Mestizo, blanco o mulato
igual hombres que mujeres
los jóvenes, sus placeres.
A quien llaman mentecato
a los que guardan recato;
que no falte aunque no sobre
tanto el rico como al pobre;
y aquel que no tiene aguante
o al que le echaron el guante;
todos mostramos el cobre.

Soneto uno

Con débil mano por ti perfumada
pongo a tu alcance, mi musa preciosa
este poema que no es otra cosa
que la prueba de un alma apasionada

que te demanda respuesta adecuada
al pedido de tu mano graciosa
que implica celebración religiosa pues,
vengo de familia recatada.

Desde que te vi, divina criatura,
quedé de ti para siempre prendado,
soy reo confeso; me has trastornado

con tus redondeces y tu hermosura;
ya solo anhelo gozar tu ternura
y vivir de ti siempre enamorado.

Soneto dos

Me han contado que en un mar muy lejano
existe una isla que guarda un tesoro;
y espero aquí no faltar al decoro
al que me debo por ser ya un anciano.

Ahora que todavía estoy sano
buen tiempo es para ir en busca del oro
después no podré cuidar ni del loro
todo esfuerzo entonces será ya en vano.

¿Quién se anima a ir a esta aventura?
Si Dios permite, tendremos fortuna
ocasión esta, en verdad oportuna.

Muy poco importa si os suena a locura;
pues todo lo supe de dignos labios
que no confiaron su secreto a sabios.

Soneto tres

Ante mi suerte estoy ya indiferente
por el implacable azar sometido
él quien me empuja a lo desconocido
eso que está más allá del poniente.

Ni siquiera sé si fui consecuente,
no todo lo hecho fue bien conducido
mi castigo es por demás merecido
y me voy sin dejar ningún pendiente.

Asumo que la muerte es siempre ingrata,
que a veces nos llega en forma muy brusca
pero al final, la vida es quien nos mata;

no importa si la muerte nos ofusca
reconozco que ella tiene su modo
y que a veces nos golpea con todo.

Ayer...

me acosté temprano,
tanto que la noche me encontró durmiendo;
de esta forma,
llegué temprano al nuevo día
pero de poco me valió,
pues como dice el dicho:
no por tanto madrugar amanece más temprano.

Índice

Versos pareados | 9
España de mis amores | 10
Esta noche | 12
La promesa | 13
La noche | 14
Ángeles caídos | 15
Exilio (I) | 16
Exilio (II) | 17
Las cosas y los nombres | 18
Amor | 19
Dime poeta | 20
El tañido de la flauta | 23
El gato (I) | 24
El gato (II) | 25
Los guerrilleros | 26
Viento travieso | 27
El nuevo Elías | 28
Marinero | 29
El odio | 31
La naturaleza | 33
Un momento especial | 34

Recuerdos | 35
Mutaciones | 36
La isla | 37
Un par de alas | 38
El aire | 39
Me gusta | 40
Himno a la muerte | 41
Los funerales de la muerte | 42
La muerte | 43
El amor | 44
La soledad (I) | 45
Soledad (II) | 46
Caminantes | 47
El árbol | 48
Los milagros | 49
La guerra más antigua | 51
Otras verdades | 52
Ritual de tarde | 53
El tedio de la normalidad | 54
Metamorfosis | 55
Voces | 56
Tipos de gente | 57
Los Viejos (I) | 58
Los viejos (II) | 59
El poder de sus palabras | 60
Las palabras (I) | 61

Las palabras (II) | 62
Poesía | 63
Poeta | 64
Un par de sandalias | 65
El tiempo | 66
Te doy | 67
Declaración oficial | 68
Plegaria | 69
Te nombro | 70
La pobreza | 71
Tu esclavo soy | 72
Confesión | 73
Tomo tus manos | 74
Lágrimas saladas | 75
Avaricia | 76
El cuervo | 77
Mi vocación | 78
No basta | 79
Rosa pregunta | 80
Rumba | 81
¿Quién soy yo? | 83
Alzheimer (I) | 84
Alzheimer (II) | 85
La vida | 86
La felicidad | 87
Lo simultáneo | 88

La tierra | 89
Yo los bendigo | 90
Quien corta una flor | 91
Cuando amanece | 92
Esta tarde | 93
Codo a codo | 94
Oda a Pablo Neruda | 95
Dura manera | 97
Leopoldo María Panero | 98
Canto terrenal | 99
La voz de Dios | 101
La presencia de Dios | 102
El viaje | 103
Preguntas impertinentes | 105
Pregunta | 107
Para vivir muero | 109
La visión de Juan | 111
Síguelo a él... | 112
Pascua | 113
Ciudadano del mundo | 114
Merodear por Manhattan | 116
Décima | 118
Soneto uno | 119
Soneto dos | 120
Soneto tres | 121
Ayer... | 122

Colofón

Esta segunda edición de ***Piedras para María,*** de Sergio Inestrosa, se terminó de imprimir en los Estados Unidos de América en noviembre de 2019.

Almava Editores
www.almava.net
publicaciones@almava.net

www.ingramcontent.com/pod-product-compliance
Lightning Source LLC
Chambersburg PA
CBHW020142130526
44591CB00030B/174